पितृभक्ति

पितृभक्ति

प्रकाशक :

Notion Press Inc.
800, West El Camino Real 180
California, USA 94040

संपादक :

Pranti India
495, Purani Bajar, Bagaura
Siwan, Bihar, INDIA 841404

मुद्रक :

Notion Press Media Pvt Ltd
7, Red Cross Road, Egmore
Chennai, Tamil Nadu, INDIA 600008

प्रथम संस्करण 2022
पुनः मुद्रण 2023

संपादकीय

आदरणीय सुधीजनो,

प्रान्ति इंडिया की पहली साझा काव्य संग्रह "पितृभक्ति" आपके सम्मुख प्रस्तुत हैं। हम उन 40 कुशल व प्रवीण साहित्यकार के प्रति कृतज्ञ हैं, जिन्होनें अपने अप्रतिम अत्युत्तम और गुनोत्कृष्ट पद्यकाव्य से इस साझा काव्य संग्रह को सुशोभित किया। हमें पूरी उम्मीद है कि इस पुस्तक में पिता के प्रति प्रेम, स्नेह और भक्ति पर आधारित काव्य को पढ़कर आपके अंतर्मन में पितृभक्ति की नई उर्जा संचारित होगी। हमें आशा ही नहीं पूर्ण विश्वास है आपको हमारा यह संकलन अवश्य पसंद आएगा। आपके सुझावों व प्रतिक्रियाओं का इंतज़ार रहेगा। प्रत्यक्ष या अप्रत्यक्ष रूप से प्रेरणा और साहस देनेवाले सभी महानुभावों का पुनः आभार !

- प्रान्ति इंडिया

पूजनीय पिताजी

रचनाकार

रचनाकार परिचय

प्रदीप प्रसाद मद्धेशिया
बगौरा, सीवान (बिहार)

-:रचना शीर्षक:-
भाग्यवान पिता

निः स्वार्थ जिनकी है साया।
पिता की ऐसी है मेरी काया।।
साथ है रहती उनकी छाया।
भाग्य वश ऐसा पिता है पाया।।

रोने पर दिलासा जो दिलाया।
जिसने आत्मविश्वास बढ़ाया।।
बाद में अपनी आँखे भिंगाया।
भाग्य वश ऐसा पिता है पाया।।

उलझन को जिसने सुलझाया।
प्यार जिसने हमपर बरसाया।।
जिसने जीवन-चक्र समझाया।
भाग्य वश ऐसा पिता है पाया।।

फुलवन्ती ने एक बात बताया,
रहती जिनपर पिता की साया।
उसने जग में सम्मान है पाया।।

पिता से है पहचान हमारी।
मान शान सम्मान हमारी।।

लाते है खुशियां ढ़ेर सारी।
जो भाती व लगती प्यारी।।

जिसने भी की पितृभक्ति ।
मिली उसे अपार शक्ति।।

होते पिता ज्ञान के भंडार।
महिमा उनकी अपरंपार।।

अपनी चिंता किए बिना,
करता रहता है हर दिन संघर्ष।
पूजनीय पिता को प्रणाम सहर्ष।।

रचनाकार परिचय

संजय कुमार डोकानिया
अमला टोला, कटिहार (बिहार)
-:रचना शीर्षकः-
पिता धर्म

मां के आंचल में
निर्भीक निश्चल,
करता विश्राम
होले से आंचल उठा ,
छीनी सी हवाओं में ,
खुले नेत्रों पर
हल्की सी मुस्कान ।
स्वप्निल पिता
टोहने लगे ,अपनी बयार
स्नेह ममत्व की झलक चेहरे पर
आंखों में एक विराम ।
संतान की ललक
पिता की चाहत
कैसी खुशी कैसी चाह
अखंड ब्रम्हांड का सर्वोच्च
श्रीखंड !
मैं चलूंगा साथ इसके,
गुण ज्ञान धर्म बनूंगा ," मैं "
करुणा का सागर
ज्ञान कुंज होगा।
मेरा लाल
सत्य धर्म की राह ,
पिता तेरा साथ रहेगा ।
धरा भूमि पर पग

धरने से पहले ,
तुझे अगाह करते रहूंगा ।
पिता धर्म कठिन व्रत है ।
भविष्य नेतृत्व निर्माण हेतु
लय की ताल पर
संगीत की ध्वनि तक
पिता ! तेरे साथ साथ चलेगा।
तेरे साथ चलेगा।

रचनाकार परिचय

अच्युत नारायण उमर्जी
कोथरुड, पुणे (महाराष्ट्र)
-:रचना शीर्षक:-
तब पिता और अब पिता

अक्सर मां पर सभी लिखते हैं...
मां विषय ही, बहुत बड़ा है...
मां का तुम्हें जन्म देना...
घर के लिए खाना बनाना...
रिश्तेदारों की आवभगत करना ।। १ ।।

पर...

घर में एक और सदस्य हैं...
पिताजी...

मां और पिताजी में तुलना हो नहीं
सकती...
मां घर में कष्ट करती है...
और पिताजी बाहर, वो धन कमाते हैं...
पिताजी, मां इतना ही कष्ट करते हैं...
पर ये दिखाई नहीं देता ।। २ ।।

ये बिती बातें हैं...

अभी समय बदल गया है...
दोनों ही घर में काम करते हैं...
दोनों ही दफ्तर जाते हैं, कमाते हैं...
घर की तरक्की के लिए ।। ३ ।।

समय बदल चुका है...
हमारे वक्त पिताजी, धीर गम्भीर
रहा करते थे...

बेटा दोस्त तब कहलाता था...
जब बेटा, पिताजी के चप्पल पहनने
लगता था...
अब...
दुनिया तेज रफ्तार वाली हो गई है...
अब पिता पुत्र, पुत्री के साथ तुरंत ही
दोस्त बन जाते हैं... ।। ४ ।।

रचनाकार परिचय

रामकेश एम. यादव
मुंबई (महाराष्ट्र)
-:रचना शीर्षक:-
संघर्षशील पिता

उँगुली पकड़के चलना सिखाता है पिता,
छोटे से परिन्दे का गगन होता है पिता।
संघर्ष की आंधियों से वह लड़-लड़कर,
अनुशासन में रहना सिखाता है पिता।
जब आता है वो मौसम मेले-ठेले का,
मनचाहा खिलौना भी देता है पिता।
पढ़ाता-लिखाता वो सुलाता पेट पर,
हौसला औलाद का बढ़ाता है पिता।
हँसी और खुशी का तो है वो पिटारा,
सोने के जैसे आग में तपाता है पिता।
सूरज, चाँद, सितारों से भरा है गगन,
पर असली पहचान दिलाता है पिता।
बदलती हैं सारी ऋतुयें, मगर वो नहीं,
धूप-छाँव के दांव-पेंच से बचाता है पिता।
मधुव्रत, मधुरस से भरता तो है ही वो,
निःसर्ग को बचाना सिखाता है पिता।
सूखने नहीं देता उम्मीदों की नदी,
रोटी-कपड़ा-मकान बन जाता है पिता।
पितृ ऋण से उत्रण पुत्र हो नहीं सकता,
रक्षा-कवच बनके खड़ा रहता है पिता।

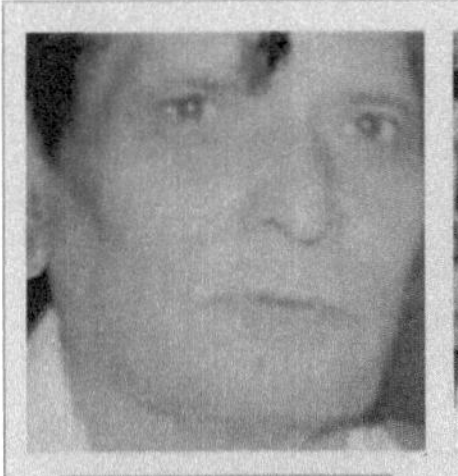
पूजनीय पिताजी

रचनाकार

रचनाकार परिचय

संध्या सेठ
गाजियाबाद (उत्तरप्रदेश)
-:रचना शीर्षक:-
साहसी पिता

कितने थक गए हो तुम
थोडा़ आराम कर लो,
आराम हराम है लेकिन
फिर भी यह काम कर लो।

भूखे रह कर भी पिता ने बच्चों
को रोटी बाँटी है,
कष्ट सहे है और दुःख में
भी जीवन नैया काँटी है।

गुण ऐसे है आपके धारण
करने को दिल करता है,
त्याग साहस और सद्भाव
का पिता में रूप झलकता है।

चिंतित कभी, कभी आप
परेशान नजर आते हो,
कायर कभी, कभी आप
बलवान नजर आते हो।

नादानी हमलोग करते है
तो हमको डांट लगाते हो,
डांट और चिल्लाहट में भी
प्यार ही प्यार बाँटते हो।

जैसे भी हो आप हमारे हो
पिता श्री,
चरण कमलों में आपके
अर्पित है सुमन श्री।

बच्चे है हम आपके
सम्मान करेंगे आपका,
आदर्श बनाकर आपको
मान करेंगे आपका।

चाहते है हम पूरी करे
आपकी हर अभिलाषा,
आशीर्वाद आप दोगें हमें
इसकी हमें है आशा।

रचनाकार परिचय

डॉ. विनीत विद्यार्थी दर्शन शास्त्री
आंवला, बरेली (उत्तरप्रदेश)
-:रचना शीर्षक:-
पिता का त्याग

रचनाकार के साथ पूजनीय पिताजी

स्वयं को खर्च कर देता है
माता से कम त्याग पिता का भी नहीं होता है।
संतान की खुशी के लिए स्वयं को खर्च कर देता है।
खुद से अधिक देने की तमन्ना जिसमें हरदम रहती।
वो पिता संतान को सबकुछ दे देता है।
स्वयं को बना दास सेवा में हर पल रहता।
संतान की खुशी के कारण नींद को भी त्याग देता है।
पैदल ही नापता दूरियां जहां की।
अपने श्रम के बल पर परिवार को बना देता है।
दिनभर श्रम करके खाली ही रहता है।
शाम को झोली परिवार के आगे उड़ेल देता है।
हाथों में छाले पड़ जाते हैं परिवार की खुशी की खातिर।
खुद को तिल तिल गला देता है मिला देता है।
सब की चिंता करते पर खुद की कोई चिंता नहीं।
बच्चों के सपनों के लिए अपने सपनों को जला देता है।
पिता का त्याग भी माता से कुछ कम नहीं होता है।
पिता भी परिवार को शांति और आधार देता है।
जो माता पिता की सेवा नहीं करते हैं।
वे जन्मान्तर तक दुःख ही पाते हैं।

रचनाकार के साथ पूजनीय पिताजी

वो विशाल हृदय वो बांकापन वो थाम के मेरी अंगुली चले
मेरे देव सदृश पिता श्री मुझे साथ मे ले पग पग चले

नयनों के तेज़ की भानुकर है जीवन मे तुमसे रोशनी
दुष्यन्त सा पितामह है मेरा प्रफुल्लित उसकी जीवनी
याद आते है मुझेवो गोदी और बाहो के झूले
वो विशाल.......

कर्मठ हाथों से नृत्य प्रति कलम थाम के मुझको पढ़ाते थे
जीवन की कठिन परीक्षा का हर रोज़ ही सबक सीखाते थे
मेरे शब्द भी मेरे अपने नहीं ये सब कलाम है तेरे
वो....

बचपन से यौवन की यात्रा तेरे संस्कारों की परछाई
तूने भूख पेट लगा रखी मेरी हर इच्छा दोहराई
तूने बेटे से भी ज्यादा मेरे प्यार के जग मे दाम भरें
वो विशाल....

माता तो कोख की मालकिन है पिता है माँ की गवाही
पूरी उम्र तूने पिताजी मेरे, बच्चों मे अपनी गवांई
कभी दर्पण मे मुख ना देखा बहा पसीना दुःख झेले
वो....
नमन बारम्बार करूँ तुमको एक बार दरस दिखला जाओ
छोड़ गये हमको क्यों तुम सपने मे ही आ छा जाओ
ऋण चुका ना पायेगेतेरे चाहे जन्म कितने भी ले ले

रचनाकार परिचय

अमित तिवारी(आजाद)
जयपुर (राजस्थान)
-:रचना शीर्षक:-
पिता की प्रभुताई

रचनाकार के साथ पूजनीय पिताजी

अल्ला,ईश्वर क्या जानू मैं,तात चरण में सृष्टि समाई।
जिस उंगली ने राह दिखाई, उसी पिता की है प्रभुताई।।

बिना पिता के जग सूना है, पिता साथ तो दम दूना है।
मिले सहारा अगर पिता का, बालक को अंबर छूना है।।
मेरे तन-मन में जो सिंचित,सदा पिता की शक्ति समाई।
जिस उंगली ने राह दिखाई, उसी पिता की है प्रभुताई।।

एक पिता ही है जग में जो, खुद से बढ़कर पुत्र चाहता।
अपने बच्चों से दुनिया में, नहीं कर्म का अंश मांगता।।
दर्द समेटे लगा कर्म में, कभी न अपनी टीस बताई।
जिस उंगली ने राह दिखाई, उसी पिता की है प्रभुताई।।

दूर-दूर तक जो जाता है, सांझ पहर घर आ जाता है।
खुद की दवा नही होती, पर फीस हमारी भर आता है।।
डांट भले देता ऊपर से ,मन से घृणा नहीं दिखलाई।
जिस उंगली ने राह दिखाई, उसी पिता की है प्रभुताई।।

पिता एक सागर गहरा है, हर बच्चे का जो पहरा है।
जो आकाश सदृश छाया दे, बिना पिता जीवन कोहरा है।।
पिता उजाला है राहों का, अगर पड़ें न राह दिखाई।
जिस उंगली ने राह दिखाई, उसी पिता की है प्रभुताई।।

बोझ हमारा ढोते–ढोते, पिता रोग से घिर जाता है।
जो छतनार वृक्ष था घर का, पता नहीं कब गिर जाता है।।
क्या होता है धर्म पिता का, पिता बने तो दिया दिखाई।
जिस उंगली ने राह दिखाई, उसी पिता की है प्रभुताई।।

रचनाकार परिचय

व्यग्र पाण्डे
सवाई माधोपुर (राजस्थान)
-:रचना शीर्षक:-
छोड़ गए

मैं

विचलित था

बरसों से, ये सोचकर

तुम छोड़ गये, मुझे

अकेला

इस भीड़ भरे संसार में

मैं भी कैसा अबोध

बहाता रहा नदियाँ

आँखों से,

और ढूंढ़ता रहा तुम्हें,

उन स्मृतियों में,

उन स्थानों पर,

जहाँ तुम्हें,

मैंने खोया था

पर, आज जब

तुम्हें पाता हूं मुझमें

तो सोचता हूं

तुम गये नहीं,

ये 'मैं' नहीं,

तुम ही तो हो

फर्क कहाँ होता है

अंश और अंशी में..

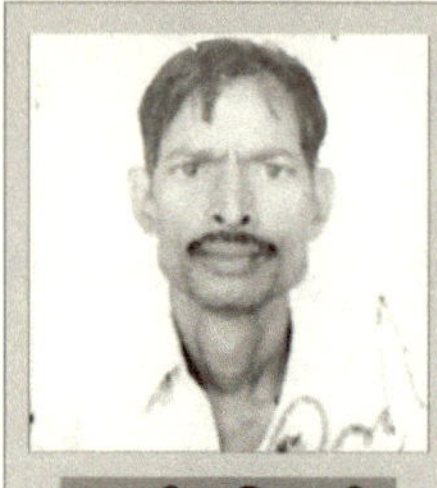

रचनाकार परिचय

अमित वर्मा अम्बर
उसावां, बदायूं (उत्तरप्रदेश)
-:रचना शीर्षक:-
चलना सिखाया पिता ने

सफर से रवि जो लौटा था उजाला साथ मे लाया

तूफानों में थी कस्ती बो मांझी पार कर लाया

बना यह सत्य जीवन का इसे अब कह रहा "अम्बर"

दिआ है जन्म माता ने सहारा तात का पाया।।

हमे चलना नहीं आया पकड़ उंगली चलाया था

न हमने सीख पाया बोलना तुमने सिखाया था

मेरी खुशियों पे 'पापा' ने किआ सर्वस्व न्योछावर

लुटा कर ढेर सी दौलत हमे पढ़ना सिखाया था।।

मेरे हाथों को चूमा है मेरे माथे को चूमा है

देख मुस्कान चेहरे पर मेरे गालों को चूमा है

न जीवन मे कभी घूमेंगे इतना चाह कर "अम्बर"

पिता के बैठ कर कंधों पे हमने सार घूमा है।।

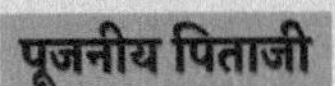

पूजनीय पिताजी

रचनाकार

रचनाकार परिचय

डॉ. देवी दीन अविनासी
हमीरपुर (उत्तरप्रदेश)
-:रचना शीर्षकः-
पिता बिना श्रृष्टि नहीं

पिता मांत भूखे रह करके, पेट सभी बच्चों का भरें।
खुदको कष्ट पड़े कितने ही, ना मुखसे कभी भांस करें।।
स्वार्थ नहीं तनु मनमे होये, ममता प्रेम अगाध रहे।
क्रोध लोभआदि सब त्यागे, तन में जब तक जान रहे।।
चौरासी योनि में महिमा न्यारी, खुद जीवन का हवन करें।

है रहस्य जगमें अति भारी, गलत सीख वो कभी नदें।
बदले में कुछ भी ना चाहे, खुद जवाब वो पलट नदें।।
मर्यादित रहके दिन काटें, बीते जीवन हरे हरे।

अनजान नहीं कोई जगमें, काल परे पर ना भूलें।
ना उनके बिन जीवन सम्भव, वैभव आदि में ना भूलें।।
आंके कोई मूल्य कभी ना, जीवन हित में सभी करें।

खुदअसहनीय पीडा सह के, अहसास नहीं होने देते।
नहीं आज ही सदा से होये, खुदके हित को ना जीते।।
अपने स्वार्थ हेतु कोई भी, अपमान रंचभर नहीं करें।

कालमहा बलवान है जगमें, पल पल ब्यर्थ नहीं जाये।
सदुपयोग जीवनभर करके, धान्य कुधान्य नहीं खायें।।
जिससे खुद सतज्ञान प्रगट हो,जीवन भरखुद सेवा करें।

पिता मांत बिन श्रृष्टि नहोये, यों सब जान रहे होते।
अग्यानी भ्रम दुविधा के बस, मदहोश रहें खुद ही रोते।।
अविनाशी निहित मिलेंगे फल,धर्म-कर्म खुद मान करें।

रचनाकार परिचय

राजीव जिया कुमार
सासाराम, रोहतास (बिहार)
-:रचना शीर्षक:-
एक जड़ : पिताजी

मजबूत है जब सुर्य से दूर बढता जड

खडा है तब विशाल एक तरू तनकर

एक पूरी कायनात है खडी सजी सजी

हरियाली से भरी भरी

हसरतें बढी चढी पर सजग सजग

चाहत जड की भी यही शाखाएँ रहे दम दम तक जुडी।।

कर न सका कुछ बेदखल

आत्मा से मजबूत तना के

जड ने सह अनेक चोट और ठोकर

अपनी सहजता जो सब बुना था

हर कपोल हर कली कली

चढ चढ कर बढते पत्ते सबने बढ बढ कर

जड ने जो कहा उसको छोडो

उन्होंने तो जड की फुसफुसाहट को भी सुना था।।

एक दरख्त विशाल बड़ा बड़ा

है आज ऐसे जमकर खड़ा

जड की रही उस पर ऐसी दया

उसने मनोरम रूप है वह पाया

फैली उसकी जहाँ तक रूमानियत भरी छाया।।

मैं तो एक शाखा लाभार्थी

इस लालच लाभ का ईश प्रार्थी

जड अपनी पकड कसे कसे रहे

लगा दरख्त सजीला है जैसे सजा

बस वह यूँ ही सजा रहे।।

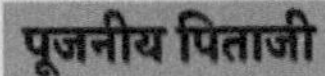

पूजनीय पिताजी

रचनाकार

रचनाकार परिचय

राकेश सिंह शिशौदिया
ऊधमसिंहनगर (उत्तराखंड)
-:रचना शीर्षक:-
पिता का साया

क्या होता है पिता,
यह समझ तब आया।
जब सिर पर न रहा,
पिता का साया।।
जिन्दगी बड़ी अल्हड़,
और बेफिक्र थी
न कमाने की कोई चिन्ता,
न भविष्य की फिक्र थी,
अपनी ही धुन में,
बस जिन्दगी व्यस्त थी।
जब तक थी सिर पर,
पिता की छत्रछाया।।
मगर...अब पता चला,
क्या होती है जिन्दगी की
धूप और छाया।
जब सिर पर न रहा,
पिता का साया।।

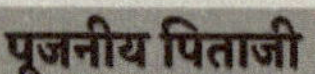

रचनाकार परिचय

शोभेन्द्र पटेल "राज"
खरसिया, (छत्तीसगढ़)
-:रचना शीर्षक:-
पिता आखिर पिता होते हैं

तन से, मन से, धन से जो कल्याण करते हैं।
कभी आह नहीं, कभी उफ़ नहीं, केवल उत्साह भरते हैं।
पसीने से लथपथ हो जो छांव में रखते हैं।
भूख प्यास सहकर जो पकवान परोसते हैं।।

टूटी चप्पल पहन,फटे कपड़े में जाते हैं।
चौबीस घण्टे कमाकर जो सुंदर कपड़े पहनाते हैं।
उनका बेटा कभी कम न हो,सपना सजाते हैं।
बच्चों के सपने के लिए अपना अरमान मिटाते हैं।

किसी भी परीक्षा में कम आने पर जो उत्साह जगाते हैं।
कांटा भी गढ़ जाए तो उनकी आँशु निकल जाते हैं।
हर पल बच्चों की खुशी के लिए भगवन की दर पर जाते हैं।।
इतना कोई कर सके ओ पिताश्री कहलाते हैं।

लाल की तकलीफ में जो रात-दिन आँशु बहाते हैं।
तकलीफ दूर करने के लिए सब कोशिश कर जाते हैं।
तब तो हर युग मे ओ महान कहलाते हैं।
ओ भगवान तो नहीं पर हर बच्चों के लिए भगवान कहलाते हैं।

कहते हैं माँ की ममता को सात जन्म में नहीं मिटा पाते,
पर पिता की तपस्या को कभी न भुला पाते।
बच्चों के सिर पर जब तक पिता का हाथ होता है।
तब तक हर परिस्थिति में बेटा चैन की साथ सोता है।

आदर्श,तपस्या,शांति,सद्गुण ,पिता में पाते हैं।
पिता के साथ से लाडले मंद मंद मुष्काते हैं।
पिता आखिर पिता हैं,इसको दिल से जाने हम।
उनकी पूजा करके सफल जीवन बतायें हम।।

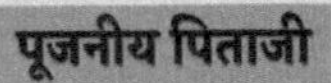

रचनाकार परिचय

सौरभ मद्धेशिया
बगौरा, सीवान (बिहार)
-:रचना शीर्षक:-
पिता का सही दिशा

मेहनत करके बाबूजी ने,
पाल पोस हमें बड़ा किया।
चलूं नेक राह पर हरदम,
शुद्ध कसौटी पर खड़ा किया।

जीवन के हर पथ मोड़ पर,
हिम्मत हौसला से साथ दिया।
टेढ़ डगरिया में फंसने पर,
सही दिशा और पाथ दिया।।

अड़चन उलझन को देखकर,
चिंतन से सही फैसला लिया।
चुनौतीपूर्ण काल-समय में भी,
साहस से सही फैसला लिया।

पूजनीय पिताजी

रचनाकार

रचनाकार परिचय

नन्द कुमार
भगवन्तपुर, हरदोई (उत्तरप्रदेश)
-:रचना शीर्षक:-
पिता हमारे

पिता हमारे सबसे प्यारे , वह ही हैं आदर्श हमारे ।
अच्छा बुरा हमें समझाकर , हर लेते वह संकट सारे।।
निपुण मार्गदर्शक से हमको , सीधी सच्ची राह दिखाते।
कर उनका अनुगमन कदम, उन्नति पथ पर बढते जाते ।।

मेरे सुख सुविधाओं में कोई , कमी कभी न आने पाए ।
करें निरन्तर उनको पूरा , लख उन्नति को वह हरषाएं ।।
उनकी डाट डपट भी हमको , लगती है अति ही प्यारी ।
प्रेम समर्पण से उनके ही , महकेगी कुल की क्यारी।।

अपने ज्ञान और अनुभव का , हम पर हैं भण्डार लुटाते ।
धैर्य धार कर उचित समय पर , करना कार्य सिखाते ।।
कटुता तज समता का सबसे , करना व्यवहार बताते ।
क्रोध दम्भ अरु लोभ त्याग , जीवन का सार समझाते ।।

ताकत अपनी पिता सहारा , मैं दरिया तो वो हैं किनारा ।
अनुशासन उनको अति प्यारा , नित करता जो सुधार हमारा।।
गोमुख से निकली गंगा इव , कलुष पाप पितु हरता।
चुन चुन दुख के सारे कंटक , सुख झोली में भरता ।।

आसमान से भी ऊंचा स्थान , पिता का है जग में ।
सारे सुख तीरथ बसते है , उनके ही तो पगतल में ।।
इस जीवन के वह ही दाता , अपने तो ईश्वर पितु माता।
उन चरणों में शीश झुकाऊं , जिनसे अपना अनुपम नाता।।

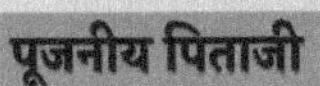

रचनाकार परिचय

अशोक अनुरक्त
बरोदा, भीलवाड़ा (राजस्थान)
-:रचना शीर्षक:-
पाला पिता ने

ये दुनियाँ कितनी रंगीन है
ये दुनियाँ कितनी हसीन है
कहीं बसे है राम स्वयं तो
कहीं बहुत ग़मगीन है,

भावुकता से देखो माँ को
कितनी भोली सूरत है
है वो सरस्वती-गायत्री
पार्वती की मूरत है,

अपनी औलादों की दूरी से
तड़पे जैसे मीन है
ये दुनियाँ कितनी रंगीन है
ये दुनियाँ कितनी हसीन है,

खरीद जिसने बचपन में
तुमकों स्वर्ग दिया है
लव-कुश जैसे पाला तुमको
बन राम संताप लिया है,

खुद अशिक्षित पर शिक्षित कर
तुझको बल अभिजात दिया है
पिता ने तेरा नामकरण कर
एक मुखर स्वर-नाद दिया है,

तुम मानों या ना पर तन में
तेरे उनका जीन है
ये दुनियाँ कितनी रंगीन है
ये दुनियाँ कितनी हसीन है।

रचनाकार के साथ पूजनीय पिताजी

रचनाकार परिचय

डॉ० पवन शर्मा
गन्नौर, सोनीपत (हरियाणा)
-:रचना शीर्षक:-
पिता को संभालो

दिवस पितु ले मना, करिये नित संकल्प।
ईश मान पितु को, छोड़ो सर्व विकल्प।।
घर में ही है भगवान, सच जीवन दातार।
सदा पिता को मान दे,करिये उनसे प्यार।।
पाल पोष दी पहचान, पढ़ा लिखा कर शान।
खोया निज को आप मे,रखो उनका गुमान।।
है प्रथम वह गुरु, सब कुछ वहीं शुरू।
दिवस मनाने वालो, दिल से उसे संभालों।।
डॉ० पवन शर्मा कहि, दोहा लिख कर श्रेष्ठ।
विनय आपसे यही,हो नही पिता को कष्ट।।

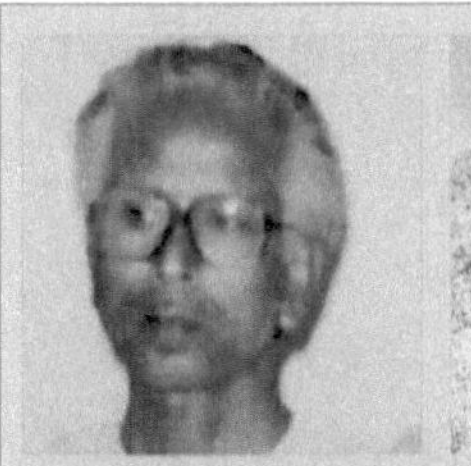

पूजनीय पिताजी

रचनाकार

रचनाकार परिचय

राजेश श्रीवास्तव
बंगलुरु कर्नाटक
-:रचना शीर्षक:-
पिता की महानता

ऐ पिता तुम्हारे चरणों में
सारा ब्रह्मांड समाया है
भाग्यवान वो जन हैं जिसपर
प्रत्यक्ष पिता का साया है
समय रहते न जान सका
कैसे संस्कार ये पाया है
हर पूत रहा है अज्ञानी
कब तात समझ में आया है

ऐ पिता तुम्हारी कमाई से
हमने हर मौज उड़ाया है
कितनी भी अपेक्षा बढ़ जाए
बेफिक्री से सब पाया है
निज अपनी हर जरूरत को
तुमने हम सबसे छुपाया है
हर पूत रहा है अज्ञानी
कब तात समझ में आया है

हर पिता से बेटों के हिस्से
बस स्नेह आशीष ही आया है
प्रत्यक्ष कठोरता का हो पर
उड़ द्रवित करुणा समाया है
पिता ने जितना प्यार दिया
कोई पुत्र कहाँ दे पाया है
हर पूत रहा है अज्ञानी
कब तात समझ में आया है

पिता की श़िख्शियत को कौन भला
गिने चुने शब्दों में पिरो सकता है ?
पिता तो होता है परिवार का वटवृक्ष।
पिता की साया में हम दुःख-सुख,मस्ती
धूपछाँव और आल्हड़पन सबकुछ ही
बिना चिन्ता के निश्चिंत गुज़ार सकते हैं।
माँ तो जन्म दात्री होती है,जन्म देती है।
जबकि पिता परिवार के सुख के लिये
निःशब्द, निःस्वार्थ, निर्विकार भाव से
छत,वस्त्र,शिक्षा, दुनिया की हर ख़ुशी
देने के लिये तत्पर एवं प्रतिबद्ध होता है।
पिता अमीर हो ग़रीब,राजा या रंक हो।
उसके लिए उसका परिवार ही सबकुछ
हीरा मोती,सोना चाँदी और रत्न होता है।
वह ज़िन्दगी भर बिना कुछ बोले चुपचाप
पूरे परिवार का बोझ निज कन्धों पर लादे
अपना हाड़ मांस गला घसीटता रहता है।
अथक परिश्रम करके भी कभी किसी से
कोई शिकवा या शिकायत नहीं करता है।
दुःख परेशानी अपने अन्दर समेटे रहता है।
हे ईश्वर! सब के सिर पर पिता का साया
हमेंशा ही बनाये रखना, कभी न हटाना।

पूजनीय पिताजी

रचनाकार

रचनाकार परिचय

रत्ना बापुली
गान्धार, जानकीपुरम् (लखनऊ)
-:रचना शीर्षक:-
पिता का सहारा

माॅ धरती तो पिता बीज है दोनो का संबध अनमोल ,
एक है काया तो दूसरा है ,सॉसो का स्पंदन डोर ।

स्वाभाविक रूप से तो चलना सिखा देता है जीवन,
पर पिता हाथ बढ़ा दे, तो दौड़ना सीख जाता है मन।

पापा के सपनो का ही मूर्त रूप हो जाता बेटा ।
बचपन से जो देखता आता वही बन जाता बेटा ।

बेटी भी अपने पापा की बड़ी लाडली होती है ।
संरक्षण पिता की पाकर वह जग जीत लेती है ।

रुकना नही , बढ़ना है जीवन, चाहे पथ हो कितना घोर।
विश्वास का हाथ थाम लो, पिता की शिक्षा है अनमोल ।

चाहे जंगल हो या पहाड़, जीवन नैया की तू पतवार,
यही सिखाता पिता सदा अपने बच्चो को बार बार ।

पिता के शब्दो मे पाता ,बेटा साहस कीधनुष टंकार ।
पिता का अदम्य उत्साह ही करता उसमे शकि संचार।

चलना जीवन के पथ पर, वक्त सिखा देता है लेकिन,
पिता का सहारा मिल जाए तो आसमान छू लेता जीवन ।

आज एहसास होता है क्या है जीवन का आधार
आज़ खलती है कमी आप के न होने की,
अपने को कष्ट देकर करते थे मेरी हर ख्वाहिशें पुरी
जब अश्रु बहते मेरी आंखों से पलकें भींगी थी आप की भी
चोट लगती मुझे दर्द का एहसास होता आपको
कंधों में बैठकर देखा है इस जहां को
आज़ न वो कंधे हैं न उन हाथों का स्नेहिल स्पर्श
अधूरी सी लगती हैं, ये रिश्तों की डोर
वक्त के साथ बदल जाते हैं किस्से
पर बदला नहीं पिता का ममत्व और प्यार
ये एहसास ही तो हैं ......
गुजरा हुआ वक्त लौटता नहीं न ही लौटते जाने वाले कभी
इस लिए जो आज़ हैं तेरे पास ,कर तू उसका सम्मान
पिता से ही पहचान तेरी कर तू उसका मान ।

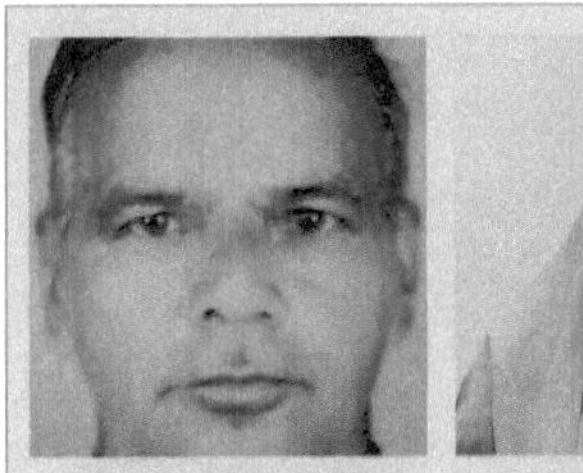

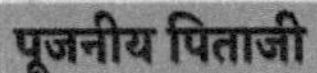

रचनाकार परिचय

अनुपम चतुर्वेदी,
सन्त कबीर नगर, (उत्तरप्रदेश)
-:रचना शीर्षक:-
राग और अनुराग पिताजी

आपसे ही प्रतिविम्बित मैं पिता जी
आपसे ही अस्तित्व में मैं पिता जी।
लिख सकूँ , आप पर क्षमता नहीं,
इस जहाँ में आपसे समता नहीं।
कैसे खींचूं विम्ब ? मैं पिता जी,
आपसे ही आरम्भ हूँ मैं पिता जी ।
सारी खुशियाँ आपसे ही हैं मिली,
आपको ही देखकर बांछें खिलीं।
आप ही अवलम्ब मेरे हैं पिता जी,
आपसे छटते अंधेरे हैं, पिता जी।
आप ही हैं मेरी छत, आसमान हैं,
आप ही जन्नत मेरी, मेरा जहान हैं।
माँ का परम सौभाग्य हैं पिता जी,
राग और अनुराग हैं मेरे पिता जी।
हैं आप तो, सभी से अड़ सकता हूँ,
कितनी भी कठिन हो, चढ़ सकता हूँ।
भावनाओं के आगार हैं, पिता जी,
जीवन नैया के पतवार हैं पिता जी ।
मेरे गुरुवर, मेरे शिक्षक, उद्धारक हैं वे,
यश - कीर्ति के वर्धक, सर्जक हैं वे।
स्वप्निल नैनों के विस्तार हैं पिता जी,
मेरे जीवन का आधार हैं पिता जी ।

रचनाकार परिचय

भारती पवॉर
शबगा, बागपत (उत्तर प्रदेश)
-:रचना शीर्षक:-
पिताजी की छाँव

पिता का दर्जा आसमान से भी ऊँचा होता है,
पिता के दर्जे के आगे तो सारा गगन भी छोटा है,
प्रेम करते पिता औलाद से बिना भेदभाव के,
नही जीना होता औलाद का बिन बाप की छाँव के,
चाहे गरीब हो बाप कितना भी हर खर्च उठाता औलाद का,
स्नेह से भरा दिल होता पिता का और फौलाद का,
पिता कुम्हार की तरह औलाद को तपा कर घड़ा बनाता है,
अपने पैरो पर खड़ा होना और सम्भलना हमे सिखलाता है,
अपना जिस्म हो चाहे छलनी औलाद को अपनी हीरे सा तराशता रे,
सपने पूरे औलाद के हो कर भी ना पाता ठीक से नाश्ता रे,
सुबह कमाने की जल्दी, जल्दी रहती शाम को घर आने की,
कभी चिन्ता पैसे की कभी बच्चो के खाने की,
फूल नही खिलते कभी भी बिन माली के,
बागों की कब हिफाजत रही बिन रखवाली के,
मॉं की गोद जितनी जरूरी उतना ही जरूरी बाप का साया है,
आखिर बिना रखवाली के कब खेतो मे अन्न उग पाया है,
पिता करते हिफाजत ऐसे नागफनी की हिफाजत उसकी उसके शूल करते,
पिता की छाँव ऐसी जैसी छाँव राही की पेड बबूल करते,
मॉं होती बच्चो की सबसे बढकर मगर होते पिता भी पीछे नही,
मॉं की ममता पृथ्वी से भी विस्तारित तो पिता भी अम्बर से नीचे नही।

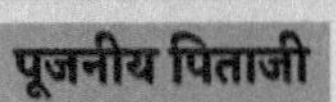

पिता का प्यार है सबसे प्यारा,
पिता हमें है जान से प्यारा ॥
पिता का साथ कभी ना छूटे,
पिता कभी ना हमसे रूठे ॥

कितने रंज भरे गमों से ,
मेहनत और मुश्किलों से ॥
पिता ने हमको पाला है,
खाने को दिया निवाला है ॥

पिता का दिल ना कभी दुखाना,
प्यार हमेशा इनफे लुटाना ॥
खुशियों का संसार हैं ,
पिता सबसे महान हैं ॥

कैसे कर्ज चुकाऊ उनका,
कैसे नाम गाउ उनका ॥
किया बहुत उपकार है,
पिता मेरे भगवान हैं ॥

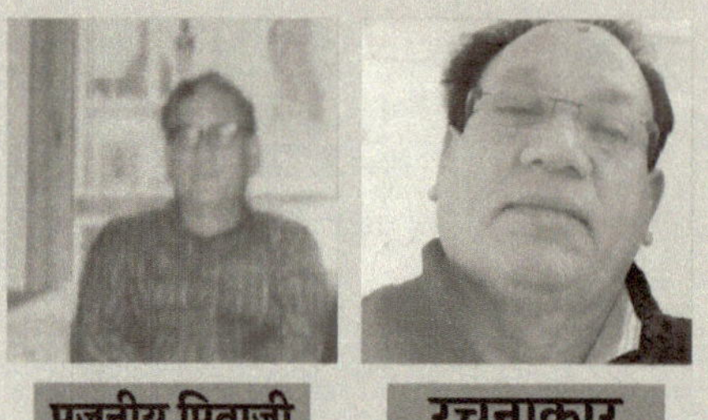

आज पिता के महत्व को समझ रहा हूँ,
बचपन की बातें याद कर रहा हूँ।

हर दिन पिता काम करते थे,
हमारे खाने की चिंता करते थे,
देर से लौटना दिनचर्या होता था,
काम के बोझ में भी चेहरा खिलता था।

मैं सोता फिर भी आलिंगन करते थे,
अपनी बाहों में मुझे भरते थे,
माथे पर उनका प्यारा चुम्बन देना,
सारे जहां की जैसे खुशियां मिल जाना।

समय कभी दुःखो से भरा होता,
आंखों में आंसू छलका होता,
पिता मजबूत दीवार की तरह खड़े होते,
मां संग सबमें धीरज बांट रहे होते।

मां पिता संग मजबूती से खड़ी होती,
समय की करवट बदल रही होती,
उम्र पिता की बढ़ती रही,
मेरी भी आयु संग ढलती रही।

याद है माँ का बीमार पड़ जाना,
पिता का उन्हें ढाढ़स बढ़ाना,
मां का देह को छोड़ कर जाना,
पहली बार पिता को रोते हुए देखना।

बार बार पिता यही कहते,
मां का निर्जीव हाथ पकड़े रहते,
ईश्वर मुझे क्यों न बुलाया,
बच्चो का मां से विछोह क्यों करवाया।

पिता अकेले हो गए थे,
मां का वियोग सहन न कर पाते थे,
एक दिन मुझे बुलाकर बोले,
कांपते हाथो से मेरा हाथ पकड़े।

बेटा तू भी पिता बन गया है,
अपने सपने पूरे करने है,
मेरा आशीष हर पल संग है,
जीवन स्वतन्त्र तुझे जीना है।

पिता का हाथ जैसे ही छूटा,
निष्प्राण शरीर को मैंने देखा,
आत्म सन्तोष चेहरे पर दिखता,
मां से मिलन का सन्तोष झलकता।

आज मेरी वही हालत है,
पिता की बातें याद आती हैं,
कितने साहसी पिता थे मेरे,
संयम से भरे जिंदादिल इंसां थे।

रचनाकार परिचय

डॉ. ममता भारद्वाज

-:रचना शीर्षक:-

अपने बच्चों के लिए पिता

हिमालय सी हिम्मत लिये
एक शख़्स हमेशा खुद को
पिघलते देखा है केवल अपने बच्चों के लिये।
सागर सा उफान दिल में लिये
एक शख़्स हमेशा खुद को
मोती बिनते देखा है केवल अपने बच्चों के लिये।।
फौलाद सी बाजू लिये
एक शख़्स हमेशा खुद के लिये
हस्तरेखायें मिटाते देखा है केवल अपने बच्चों के लिये।।
लेकिन फिर भी खुश है
क्योकि वो पिता है
पिता जमीर है
पिता जागीर है
पिता मिटाता पीर है
पिता है तो हर बच्चा बेपीर है
मेरे पास हैं मेरे पिता
क्या मुझसे बडा कोई अमीर है।

रचनाकार परिचय

राजेन्द्र प्रसाद पटेल 'रंजन'
सनौसी, शहडोल (मध्य प्रदेश)
-:रचना शीर्षक:-
माँ का सुहाग पिता

प्रेम सारथी और संस्कार ।
गुरु गोविंदम् वो गुरु द्वार ।।
घर आंगन छाया शीतल ।
वट, आंवला और पीपल ।।
रोटी कपड़ा और मकान ।
पूरे करते जो अरमान ।।
राह वही हैं वो ही मंजिल ।
बच्चों के वो धड़कन दिल ।।
उँगली पकड़ चलाने वाले ।
चावी वो मन खोले ताले ।।
कर पग पांवरि पावन नैन ।
वाह पिता के हैं अमृत बैन ।।
बहनों के वो बनते डोली ।
वही रजाई वो ही खोली ।।
माँ के बिंदी और सुहाग ।
चूड़ी कंगन पायल झाग ।।

रचनाकार परिचय

अभय प्रताप सिंह
बेनीकोपा, रायबरेली (उत्तरप्रदेश)
-:रचना शीर्षक:-
पापा मुझे याद है

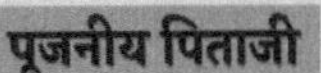

पूजनीय पिताजी

रचनाकार

बचपन का तो पता नहीं
पर बाद के वो कुछ सिक्के
हर बार मिलते थे हाथों से आपके
वो डिब्बे में खाने का सामान
जो आते थे साथ आपके।
पापा मुझे याद है।

कुछ दिन कार से हमारा घूमना
खुशियों का भरमार रहना
फिर एक काली रात का आना
सबकुछ रातों रात ढह जाना।
पापा मुझे याद है।

आसमा से ज़मीन पे आना
सबकुछ होने के बाद भी
एक झटके में मामूली इंसान बनना
खुद को उन हालातों में बदलना
पापा मुझे याद है।

वो आपका बीमार होना
लोगों का पीठ पीछे ताने मारना
फिर भी अपना दर्द भूलकर
दूसरों के दर्द को समझना।
पापा मुझे याद है।

वो चावल का मांगना,
रहते हुए भी उनका मना करना
वो दरिया वाली बोरी
वो संघर्षों से भरी स्टोरी
पापा मुझे याद है।

वो आपका संघर्ष करना
हम सब को खुशियां देना
वो पारले जी वाला बिस्किट
आपको देख हम दोनों का दौरना
पापा मुझे याद है।

आपके आने का इंतजार करना
छोटी छोटी चीजों से खुश हो जाना
आपको देख सुकुं का मिलना
आपके लिए हम दोनों का तड़पना
पापा मुझे याद है।

मुझे देख उठ कर बैठ जाना
सारी रात आने का इंतजार करना
वो अस्पताल चौराहे का चाय व पाव
पर वो फोल्डिंग व मच्छर के काटे घाव
पापा मुझे याद है।

अब आपको कमी ही क्या है ?
हमने तो सब आपसे ही सीख किया है
कोई देश के रक्षा में खड़ा है
तो कोई देश के लिए लिख रहा है
पापा मुझे याद है।

अब आप तनाव को छोड़िए
लोगों के लिए किया हमेशा
उन्ही के लिए कुछ करिए
आपकी तारीफे सुन, गर्व हुआ हमें
पापा मुझे याद है।

आपने अपना फ़र्ज़ निभाया
अब हमारा नंबर है आया।
एक ने अजमा लिया खुद को
अब मुझे खुद को हैं आजमाना।
पापा मुझे याद है।

कहते हैं कि संस्कार है बड़ा धन
जो हमने आपसे ही पाए हैं
आप हमारे भगवान हो
हमे गर्व है कि हम आपके बेटे कहलाए हैं।
पापा मुझे याद है।
पापा मुझे याद है।

रचनाकार परिचय

भोला शरण प्रसाद
गौतम बुद्धनगर (उत्तरप्रदेश)
-:रचना शीर्षक:-
पापा ने सींचा है

पापा की चरणों में, शत शत नमन
पापा की भक्ति में है, बेशुमान शक्ति
हर गुनाह माफ हो जाती है,
गर लग जाए पापा के चरणों की धूल
जो अज्ञानी समझ न सका, पितृ भक्ति में है अपार शक्ति
पितृ भक्ति से, मिट जाएगी बचपन की सारी भूल
मेरे ख्वाबों की तामिर में, पितृ भक्ति ने दिखाया रास्ता
पापा के हौसले की बुनियाद पे, मेरे मुस्तकबिल का है उनके दिल से वास्ता
पितृ भक्ति के जज्बों के जमीं पे, आज ये शजर खड़ा है
पापा ने सींचा है इस चमन को, अपने लहू से
उनके पसीने की नमी से, आज ये दरख्त हरा भरा है
अपनी ख्वाहिशें दबा दी, हसरतों को कर दिया कुर्बान
पितृ भक्ति से बड़ा कोई, पूजा न उपकार है
राह दिखाया पापा ने, पिता की नजरों में पुत्र कर्जदार है
वो है खुशनसीब, जो पितृ भक्ति में कर दिया जीवन अर्पित
पितृ भक्ति से बड़ा कोई यज्ञ नहीं
कर दो अपना जीवन समर्पित

पूजनीय पिताजी

रचनाकार

रचनाकार परिचय

डॉ सरला सिंह 'स्निग्धा'
(दिल्ली)
-:रचना शीर्षक:-
पथ दिखलाते पिता

कहता नहीं कुछ भी मगर
दिन रात एक जो करता है।
खून-पसीना बहता है उसका
परिवार तभी तो पलता है।

दिखता ऊपर से सख्त मगर
अन्दर बहता स्नेह का सागर।
जीवन को संवारे आकृति दे
रचता कुम्हार जैसे है गागर।
वो आँसू नहीं दिखाता अपना
पर दिल में प्रेम तो बसता है।

ईश्वर के समकक्ष पिता है
गुरु से पहले देता है ज्ञान।
पथ दिखलाता वो ही पहले
तब मिलता है जग में मान।
सबसे ऊँचा मान पिता का
उनकी कब कोई समता है।

कोई दिखावा कर कब पाता
कर्म हमेशा करता चुपचाप।
खुद से पहले परिवार देखता
बारिश सर्दी और सहता ताप।
खून-पसीना बहता है उसका
परिवार तभी तो पलता है।

रचनाकार परिचय

सत्यप्रकाश शर्मा 'सच'
कुचामन सिटी, नागौर (राजस्थान)
-:रचना शीर्षक:-
सृजनहार पिता

मॉ का है अनन्य प्यार ,
बच्चों के संसार हें पिता |
बेटा या बेटी की किलकारी,
नन्हें हाथों का दुलार है पिता ॥

कभी स्नेह तो कभी क्रोध ,
कभी डांट फटकार हैं पिता ।
खेल खेल में जीतकर हार ले ,
ऐसे चेहरो की मुस्कान हैं पिता ॥

धूप शीत सब सहते जाए ,
जीवन को स्वर्ग बनाए पिता ।
जरा कष्ट तो सबसे लड़ जाए ,
ऐसे अद्भुत तारणहार है पिता ॥

बीज जीवन खाद संस्कार उनका ,
ऐसे कृतिकार सृजनहार है पिता ।
जिनकी छांह में पुष्पित पल्लवित ,
ऐसे अप्रितम सृष्टिकार है पिता ॥

हाथ बढ़ा जब देते है आशीष ,
घर बैठे ब्रह्म से लगते है पिता ।
सत्यसच है पिता तो पिता है ,
सच में ईश्वर के अवतार है पिता ॥

पूजनीय पिताजी

रचनाकार

रचनाकार परिचय

पुतुल मिश्र
मिलनपल्ली, सिलीगुडी (दार्जिलिंग)
-:रचना शीर्षक:-
बाबूजी की याद

अच्छी,खासी कदकाठी के थे मेरे भी बाबूजी।
चौडे कंधे,आँखें चमकीली,केश घने और रंग साफ।
कर्मकांड के अविश्वासी पर पूरे पंडित थे बाबूजी।
सूर्योदय से पहले उठकर अध्ययन मनन किया करते।
सप्तशती दुर्गा,गीता और मानस पाठ किया करते।
पाखण्डों के घोरविरोधी,शास्त्रासर्थ किया करते जमकर।
गणित,व्याकरण और गायकी में रमते थे हँसकर।
संस्कृत,उर्दू,हिन्दी,अंगरेजी,बंगला के अच्छे जानकार।
अवधी,भोजपुरी,ब्रजभाषा और राजवंशी मे बातें हजार।
उठते हम उनके मन्त्रों से,सोते उनके भजनो से।
पैदल चलने मे सबसे आगे,दौडभाग मे भी फुर्तिले।
हल्दीबाडी से भी पैदल आ जाते थे बाबूजी।
धान,गेहूँ की मनभर बोरी हल्के मे उठा लेते,
पेडों की टहनी पर चढकर फल भी तोड लिया करते।
राजनीति के नौसिखियों की गुरूआई भी करते थे,
सुंदर,सुंदर स्लोगन से हौसलाआफजाई करते थे।
इतना सब करके भी निर्लिप्त रुप थे बाबूजी।
कोई न आशा कोई न लालच पक्के संन्यासी बाबूजी।
तनसे पिता ह्रदय से माँ ऐसे ही थे बाबूजी।

रचनाकार परिचय

पी.यादव 'ओज'
चौकीपाड़ा,झाड़सुगुड़ा (ओडिशा)
-:रचना शीर्षक:-
देवता समान पिता

धरती अंबर घूम कर देखो,मिले न कोई पिता समान।
हृदय पिता का गंगा जैसा,पिता-सा ना कोई महान।
भाव पिता का सागर जैसा,दया निर्मल नदिया की धार।
सेवा पिता-सा जग में ना कोई,दुख में बने अटल दीवार।

सहारा पिता का पर्वत जैसा,दिल अंबर से भी विशाल।
प्रेम पिता का अमृत जैसा,संभल करे वो बनकर ढाल।
पिता घनेरी शीतल छाया,पिता पावन आनंद विश्राम।
पिता दिव्य कल्पवृक्ष की काया,पिता परम तीर्थ धाम।

पिता हरी-भरी हरियाली सुंदर,परिवार का अन्न-भंडार।
जीवन का रक्षा कवच पिता,भविष्य का श्रेष्ठ आधार।
पिता से संवरती घर की रंगत,पिता ही घर का सम्मान,
पिता-सा ना कोई इस जग में,ना कोई पिता-सा महान।

पिता से गुलशन की शोभा,पिता ही गुलों का गुलफाम।
पिता ही गुलशन की खुशबू,पिता ही गुलों का ज़हान।
पिता से गुलशन की हलचल,पिता बिन गुलशन वीरान।
पिता से गुलशन की रौनक,पिता बिन गुलशन शमशान।

पिता ही परिवार का दीपक,पिता से परिवार की शान।
पिता ही परिवार का सुकून,पिता ही परिवार की जान।
पिता ही घर की पूजा-अर्चना,पिता ही है मंदिर-समान।
पिता ही घर की कृपा-अनुकंपा,पिता ही देवता-समान।

रचनाकार के साथ पूजनीय पिताजी

रचनाकार परिचय

रवि शर्मा
निरमंड (हिमाचल-प्रदेश)
-:रचना शीर्षक:-
आदर्श पिता

पिता वह बट वृक्ष है जो अंदर से नरम और बाहर से कठोर होता है ।
दुनिया से हमारी पहचान करवाता है पिता ।
परिवार का बोझ उठाता है पिता ।
सुरक्षा कवच बनकर हमारी रक्षा करता है पिता ।
अपने से ज्यादा अपनी संतान का रखता है ख्याल पिता ।
गर्व है मुझे अपने पिता पर जिसकी मैं संतान हूँ।
कभी प्यार में तो कभी क्रोध में बताता है अपना रूप ।
कभी चांद जैसी ठंडक और कभी सूरज जैसी गर्मी दिखाता है पिता।
संतान का आदर्श होता है पिता ।
अपने से पहले बच्चों की जरूरतों को पूरा करता है पिता ।
हर संतान की खुशी चाहता है पिता ।
गर्व है मुझे अपने पिता पर जिसकी संतान हूँ मैं।
परिवार की ढाल होता है पिता ।
हर शिकायत सुनता है पिता ।
संतान की खुशी में हर गम भूल जाता है पिता।
हर अनबूझी समस्या का समाधान है उसके पास।
आओ कुछ फुर्सत के पल निकाले पिता के लिए ।
आखिर जीवन का सार है उसके पास ।
गर्व है मुझे अपने पिता पर जिसकी संतान हूँ मैं ।

रचनाकार परिचय

अंजू सक्सेना
(दिल्ली)
-:रचना शीर्षक:-
जीवन की पतवार पिता

शुरू से ही उसने कर्तव्यों की चादर तानी
पिता की कहानी है बहुत ही पुरानी
पिता से ही पाया है
अस्तित्व अपना
पिता से ही संसार की है रवानी

पिता है तो स्वछंद हैं
हम अपने कल मे
पिता है तो सच्चे हैं
भविष्य के सभी सपने
पिता ने दिया हमे आज हमारा
वही हम सबका एकल सहारा

पिता ने दिया है
हमे नाम अपना
पिता का कभी दिल
हमसे दुखे न
पिता है हमारे जीवन की पतवार
वही देता हमको हमारा आकार
उसी के भरोसे
हमारे सपने साकार

ठोकरों की कड़ी धूप से
वही हमें बचाता
पानी से फिसलते जीवन को
किनारे लगाता
उसके रहते हमे न कभी हो
दुःख की ठिठुरन का ठंडा अहसास।

पूजनीय पिताजी

रचनाकार

रचनाकार परिचय

डॉ. कृष्णा जोशी
इन्दौर (मध्यप्रदेश)
-:रचना शीर्षक:-
पिता परमेश्वर

वो जान से प्यारा होता है,
वो सबसे न्यारा होता है
भगवान से प्यारा होता है
वो संसार हमारा होता है।
वो पिता हमारा होता है,
हमारे खातिर जीता है,
हमारे खातिर मरता है,
हमें पालने की खातिर,
दिन रात एक वो करता है।
न दिन को चेन लेता है,
न रात चेन से सोता है,
कैसे खुशहाल रहे हम
हरवक्त फिक्रमंद रहता है,
हम हो जाए कामयाब
पितृ का सपना होता है,
वो भाग्यविधाता होता है,
वो ही अपना जन्मदाता होता है,
हमारी कामयाबी का सेहरा
पिता के सर ही जाता है,
कुछ बड़ी सी दाढ़ी होती है,
कुछ थका सा चेहरा होता है,
वो पिता हमारा होता है
पिता परमेश्वर होता है।

रचनाकार के साथ पूजनीय पिताजी

रचनाकार परिचय

निरूपा कुमारी
कोलकाता (पश्चिम बंगाल)
-:रचना शीर्षक:-
मेरे पापा सबसे खास

मेरे पापा दुनियां में सबसे ख़ास हैं
उनसे मेरी सांसे,मेरी जिंदगी है
मेरे पापा.. चट्टानों से मजबूत हैं
साथ ही मोम से भी कोमल हैं
वो धरती पर विधाता का सबूत हैं
पापा ने थामा है हर उस पल मेरा हाथ
जब जब भी मुश्किल लगे वक़्त और हालात
कहा था.. "डरने की कोई नहीं बात
मैं हूँ ना तेरे साथ,बनके तेरी ढाल
न घबराना,ना सकुचाना
जो भी बात हो मुझे तुम बेझिझक बताना
संभाल लूंगा मैं तेरी परेशानी हर बार
सच कहता हूँ, मैं हूँ ना तेरे साथ
सपनों की उड़ान तुम ऊँची भरना
पंख पसार अपने आसमान में तुम उड़ना
मैं देखूँगा तुझे हो गौरवान्वित बार बार
रखना तुम इत्मिनान,
मैं हूँ ना ,यहाँ रखने को तेरे सपनों का ख़्याल
जब भी बुनोगे तुम कोई नया ख़्वाब
पाओगे मुझे अपने साथ"
मेरे पापा...मेरा अपना आसमान हैं
जिससे मेरा सारा जहान है
सच,मेरे पापा दुनियाँ में सबसे ख़ास हैं

रचनाकार परिचय

डॉ नीलिमा रंजन
भोपाल (मध्यप्रदेश)
-:रचना शीर्षक:-
मेरे पिता

रचनाकार के साथ पूजनीय पिताजी

तात मेरे! मेरे खुलते पंखों की उड़ान,
मेरे मान का सम्मान, मेरी धरा, मेरा गगन ।

मेरी आकांक्षाओं के अधिकोष,
उचित-अनुचित आग्रहों के पूरक
स्वचालित टेलर मशीन, माँ के पीछे एक अटल स्तंभ ।

स्मरण है मुझे बचपन मेरा,
वह नई गुलाबी फ्रॉक, कानों की नई बाली,
रंग रंगीली चूड़ियाँ,संतरे की गोलियाँ।

मेरी हर उपलब्धि पर द्युतिमान आनन,
उपनेत्र के पीछे से झाँकते वे दुलराते नयन,
बिन स्पर्श स्नेह से करते सराबोर।

और मैं बढ़ती,चढ़ती सफलता के नव सोपान
देखने वह स्नेहिल द्युति,आप्लावित होने उस कौतुक से बारंबार।

पिता मेरे, मेरे हठ, मेरी निरंकुशता को,
अपने निःशर्त स्नेह में लपेट,
आपने बना दिया मुझको सहृदय, स्नेही, आत्माभिमानी, प्रसन्न व विनम्र

आज खड़ी हूँ वहीं की वहीं
स्नेह की छाँव की वांछा में, ममतालु डपट की कांक्षा में ।
पिता मेरे! आप थे तो छोटी थी मैं।
जानते हो आप,निरर्थक है यह बड़ा हो जीना,
नाम से पुकारता कोई नहीं, कष्ट में दुलराता कोई नहीं ।

अनजान नहीं जीवन चक्र से
किंतु पिता,संबल, विश्वास, प्रेम
और कहाँ पाऊँ,और कहाँ खोजूँ?

www.ingramcontent.com/pod-product-compliance
Lightning Source LLC
Chambersburg PA
CBHW031004180726
47993CB00018B/1559